Ulrich Knellwolf

Humus etc.

Gedichte von der Schlaflosigkeit, vom Zorn und von der Erde

Theologischer Verlag Zürich

Der Theologische Verlag Zürich wird vom Bundesamt für Kultur für die Jahre 2021–2024 unterstützt.

Bibliografische Informationen der Deutschen Nationalbibliothek
Die Deutsche Nationalbibliothek verzeichnet diese Publikation in der Deutschen Nationalbibliografie; detaillierte bibliografische Daten sind im Internet über http://dnb.dnb.de abrufbar.

Umschlaggestaltung
Simone Ackermann, Zürich

Bild Umschlag und Innenteil: Roman Candio
© Roman Candio, Solothurn

Druck
Rosch Buch GmbH, Schesslitz

ISBN 978-3-290-18372-1 (Print)
ISBN 978-3-290-18373-8 (E-Book: PDF)
© 2021 Theologischer Verlag Zürich
www.tvz-verlag.ch

Alle Rechte, auch die des auszugsweisen Nachdrucks, der fotografischen und audiovisuellen Wiedergabe, der elektronischen Erfassung sowie der Übersetzung, bleiben vorbehalten.

Inhalt

für Elsbet

Deine Liebe ist das Siegel auf meinem Herzen.
(Das Hohelied 8,6)

Dank an Lisa Briner und ihr Team

Dank an Roman Candio und an Frau Elisabeth Walter

Denn Erde bist du, und zur Erde kehrst du zurück.
(Genesis 3,19)

diese Erde,
Die keinen ungeliebt von hinnen gehen lässt
(Nelly Sachs)

I

Beinhaus

Linkerhand der Kirche
das Beinhaus alt
und lebensklug
älter als die Kirche Hier begruben sie
schon Tote als
von Auferweckung nirgendwo die Rede war
Gestorben wird seit je Die Auferweckung zugesagt
hierzuland seit ungefähr
achtzehnhundert Jahren
Jedoch lässt der Teufel
wo Gott eine Kirche baut
seine Kapelle daneben stehen damit
ja nicht vergessen werde
dass auf das Versprechen
die Erfüllung folgen muss

Der Schlüssel knarzt im Schloss
die Angeln erwachen kreischend
aus einem verrosteten Traum
Es ist der Sakristan der geizig die enge
Türhälfte aufmacht
um ein Grüppchen Neugieriger einzulassen denen
grauslich wohlige Schauer den Rücken herauf-
und hinunterfahren
Ihr bleibt hier Wir hingegen
verlassen euch wieder
Wo sie doch alle
Schloss Angeln Schädel
den Engel erwarten dass er
die Ölkanne in der Hand
das Schloss zum Singen bringe
die Angeln jauchzen lasse
weit der Türe beide Flügel öffne
die lachend freigeben
die Exilierten die neu
mit Haut und Haaren angetan
in unabsehbarem Zug
dem Verlies entsteigen und
dem Tageslicht entgegengehn

Komm mit ins Beinhaus Gott
der Lebendigen Geh
nicht bloss in die Kirche Komm mit
ins Beinhaus linkerhand
der Kirche Schau
Schau dir das an Schöpfer
des Lebens Schau
dir die nackten Schädel an die
blanken Knochen die
überlangen Zähne Deine
Geschöpfe Schau ihnen
in die fehlenden Augen Schau
sie endlich an mit Augen
der Liebe die dem fröstelnden
Gebein Kleider anzieht aus
Fleisch Sehnen Haut
und Haar

Beinhaus

Ihre Augenhöhlen schwarze
Piranhanester
starren mir brennende
Löcher ins Rückenfleisch
und nagen
meine Rippen blank derweil
ich vor der Schädelwand stehe
und mir kein Kraut dagegen wächst
als lauthals
Gedichte vorzutragen

Die Schädel im Beinhaus

So tot wie die sind
so lebendig bin ich
So tief wie die schlafen
so bodenlos wach bin ich
So grinsend zufrieden die
mit ihrem Zustand scheinen
so sehr möchte ich
dass meiner ein Ende hat

Die nackten Schädel
tragen Nummern an der Stirn
und manchmal Namen
damit ja keiner
vergessen werde wenn
der Engel ruft
beim Signal der Posaune und
am Ende keiner überzählig
bleibe beinerne Kopfgeburt
ohne Leib

Ich habe Krebs
Ellen hat's auf dem Herz
Bruno hat MS
Doris hat Migräne
Walter hat Lungenemphysem
Ilse hat Demenz
Fritz hat Gicht
Vreni hat Osteoporose
Meinrad hat Leberzirrhose
Franziska hat Gelenkrheumatismus
Oswald hat Parkinson
Wir alle
zum Jahrgangstreffen versammelt wie
in einem Beinhaus haben
den Jüngsten Tag hinter uns und
erwarten den danach

Leichenmahl

Draussen beginnt es
zu regnen
Die letzten Autos finden
keinen Parkplatz mehr
Der Gasthof ist
zu betont rustikal
in dem gesichtslosen Weiler
und zu gross
Die Kellner gleichen
gehetzten Wachtmeistern
Bevor sie sich setzen ziehen
die Männer den Kittel aus
Die meisten haben
den Kragenknopf offen hinter
der schwarzen Krawatte Paarweise
gehen die Frauen zur Toilette
Als endlich angestossen und
die kalte Platte gegessen ist
noch vor dem Dessert
steigt der Lachpegel merklich
Den Verstorbenen haben wir
auf dem Friedhof gelassen
Wir Lebende sind wieder
unter uns

Jede Nacht zerbricht
die Töpferware der realen Welt und
jeden Morgen das Erste ist
die Fragmente zusammenzuleimen
Eines Tages
wird sie in tausend Stücken
zu deinen Füssen liegen
und du wirst
den Leim wegwerfen der die Welt
zusammenhält

Die Marmorierung meiner Beine macht Fortschritte
Rote und blaue Adern auf weissem Grund Schon beinah
meisterhaft
Man erzählte mir dass zur Wiederherstellung der Säulen im
Entrée
Meister aus Warschau nach Dresden kamen
noch zu Zeiten der DDR beim Wiederaufbau der Semper-
oper
weil die Polen grosse Erfahrung hatten mit dem Stuckieren
nachdem im Warschauer Aufstand vierundvierzig die Stadt
von den Deutschen zerstört worden war
Jetzt zeigten die Opfer den Siegern wie es gemacht wird
Holz und Gips täuschend echt in falschen Marmor zu
verwandeln
Natürlich eine Lüge wie jeder Kenner weiss
Meine Beine sind aus Haut und Knochen Fleisch und Blut
Nur dass sie immer stärker marmorierten Holzsäulen ähn-
lich sehen
die in einem sehr barocken Land am Eingang einer
Leichenhalle stehen
Von der Oper heisst es ja sie sei in Wahrheit tot

Mittelfinger links

Schräger Bruder du von
Kindsbeinen an
Lautloser Widerspruch in der
handlichen Parallelität
Nur nicht zu grad
Parallelen treffen einander
bekanntlich im Unendlichen
Wenn sich nichts trifft stösst kreuzt
wird auch nichts
Ein Doppelhöcker wuchs dir
auf dem Rücken als werdest du
ein Kamel Ich liess ihn
wegschneiden Seither bist du unbeugsam
wirst schräg und schräger
kreuzt zu seinem Ärger
deinen arglosen Nachbarn
den Ringfinger und mir
fällt beim Essen
die Gabel aus der Hand

Du bist
ein Wirtstisch
Die Esser
rücken dir
gefrässig auf den Leib
Sie behaupten du seist
das Brot ihres Lebens
Ihres fetten
selbstbezogenen
überflüssigen
Lebens

Alter Kürschner

Die Jäger zogen dem erlegten Wild
den Pelz ab und er
machte Mäntel daraus Jacken
Kragen Mützen

Jetzt sieht er selbst
wie ein gejagtes Pelztier aus
Sichtbar ist der Tod
ihm auf den Fersen

Dessen kleine Helfer werden
seine Haut zersetzen und es wird
daraus für niemand
einen Mantel geben

Man soll nicht geizig sein sagt sich
mein Kopf und spendet freigebig
Silberhaare solchen
die wollen wie solchen
die nicht wollen
Der dunkelblaue Sessel bekommt
ein Dutzend mindestens
pro Tag Er ist
ihrer bereits überdrüssig
Der Schädel aber verschleudert
sein Vermögen als sei er
ein Krösus und hat
nicht Ruhe bis seine Blösse
aller Welt offenbar ist

Der Alterstalg sammelt sich
in den Poren und macht
mich zur Kerze
Der eifrige Küster zündet schon
den Docht an

Gestern Fleisch Bein Blut und
Lufthauch Heute nur noch
Wort aus fremden Mündern und
schwarze Buchstaben auf Zeitungspapier
Und
eine tönerne Vase die
ihm nicht gleicht und
für nichts zu gebrauchen ist
Wo ist er hin

Kaltwettereinbruch kein Flöcklein
Sonnenschein Der Käfer
sieht aus wie ein flügger
Totenkopf Vor der rauen Zugluft
flieht er in die Ecke
neben der Balkontür und saugt
in verzweifelten Rhythmen
Wärme aus der blutrot
verputzten Wand

In meiner Haut ist es
mir nicht mehr wohl
Der Segelmacher hat schon
Mass genommen und arbeitet sie
mit grossem Aufwand
zum Leichensack um
Höre er doch auf
Suche er besser Tuch
leichter als Luft
und fertige einen Spinnaker an
mit dem wir Land in Sicht
und endlich festen Boden
unter die Füsse bekommen

Kommt die Elster geflogen
mir die Seele zu stehlen
Leg den Pfeil auf den Bogen
weiss ich werd fehlen

Winterlicher Leichenzug

Angekommen in einem
bleigrauen Spätnachmittag
Koffer ausgepackt die Sachen
vorderhand an ihrem Ort geräumt
drängten wir hinaus Ein kurzes
Schnuppern am Geruch
von Weite und von Freiheit und
den Bergen Guten Abend sagen
Da sahen wir im Halblicht
auf dem weissen Rand des Horizonts
als ging's zum Weltenende
den zögerlichen schwarzen Zug
Zuvorderst Ross und Wagen die Familie
dann die Männer dann die Frauen
wie Schattenspiel und Scherenschnitt
Sie brachten ihn
den alten Wirt
auf der verschneiten Strasse von der Kirche
hinüber in die letzte Wohnung
Über ihre Köpfe hinweg jammerte
die eine Glocke mutterseeleneinsam
ihren dunkeln Monolog

II

Insomnia

Kann nicht schlafen
Gehe zum Luftholen hinaus
Der Herbstföhn hat
so säuberlich alle Linsen gereinigt
dass der Nachthimmel
in unzählbaren Zungen redet
Babylonische Konstellationenverwirrung
Dringend nötig um zu verstehen
und von den Unendlichkeiten
nicht verschlungen zu werden ist
der Sprachenatlas
aus der Wüste Sinai

Pflichtenheft

Deine erste Christenpflicht Frau
heute Nacht ist zu schlafen
Denn wenn du nicht schläfst
ich deinen zuverlässigen Atem nicht
kommen und gehen höre
kann ich nicht schlafen
Ich muss heute Nacht aber schlafen
weil ich morgen predige Und
des Predigers erste Christenpflicht
so einst ein weiser Predigtlehrer ist
am Sonntagmorgen ausgeschlafen zu sein

Die kleine Wolke Feuerrauch
reinigt das All
weckt die Spätherbstnacht
aus der Jahresendmüde
gibt ihr den
angenehmen Biss womit sie
die Lungenflügel säubert
Und am Bildschirmhimmel geht auf
Lawrence Ferlinghettis
des Poeten
lachendes Mondgesicht
Gottvaters von San Francisco
aged 102

Immer seltener gelingt's
die Tagwelt Tagwelt
sein zu lassen und ins
fragile Schneckenhaus der Nacht
zu kriechen Zu oft
zerspringt es beim Versuch
Als finde es es bleibe ja
bald Zeit mehr als genug
in einen weit entfernten
Morgen zu entschlafen

Kulturschaffende

Heroisch kämpft sie
gegen den Schlaf um die Geschichte
die sie zu Ende lesen will
Schlaf ist Natur pur
Geschichten sind Kultur
Doch fallen ihr die Augen zu
das Buch sinkt auf die Brust
und ihr Atem wird tief und regelmässig
Bewusstloses Unterholz
überwuchert die mühsam gerodeten Lichtungen
Die Verwaldung siegt

Schlafes Bruder

Ihr Bruder Monsieur
flieht mich macht einen Bogen um mich
lässt mich warten stundenlang
nächtelang und das
seit Jahrzehnten Ich weiss nicht
warum Ein unsicherer Kumpan
Auf Sie hingegen ist Verlass Mehr noch
als auf den Stundenschlag vom Turm Sie braucht
man nicht zu suchen Sie haben
noch jeden gefunden

Was willst du machen wenn
du nicht schlafen kannst weil
der Kopf Hunger auf Gedanken hat
Dieser Koch verschlingt nicht selbst
was er bereitet Appetitlich
arrangiert er's auf Papier
weiss wie Porzellan
und wenn es tagt steht schon
das Morgenessen auf dem Tisch

Der schwarze Wagen

Schwarzer Wagen in schwarzer Nacht stand
Licht aus den Motor abgestellt
dem Haus gegenüber am
Strassenrand Einer sass am Steuer
unbewegt einer neben ihm Sassen
hinter ihnen noch zwei oder
war es eine Spieglung in der
Seitenscheibe Der Tod mit seinen Engeln
oder nur zwei Diebe lauernd auf die Chance
bis das Licht im grossen Haus erlosch
Da gingen alle Türen alle vier
des schwarzen Wagens miteinander auf
Vier Alte stiegen aus und lachten laut
und angetrunken dass es
von den Mauern wie Verstärkung hallte
Schlugen viermal achtmal dutzendmal
sämtliche vier Türen zu als müssten sie
die Schläfer rings vom Tod erwecken
eine tiefe Frauenstimme
sang gar Stille Nacht
Dann wandten sie sich nach dem Haus
und verschwanden drin
Am Morgen steht der
schwarze Wagen als
das eisverkrustete Gespenst
des Nachtmahrs immer noch dort drüben
Und mir wird kalt

Nacht
Zeit der Albträume
und der letzten Worte
Haderst mit dem Feind und
sagst deinem Tabakhändler
Wenn Sie lesen ich sei gestorben
haben Sie kein schlechtes Gewissen Es war
nicht der Pfeifenrauch Es war
der angefaulte Apfel in meinem Bauch
Als sie ihn herausschnitten
samte er ab und zeugte
Heerscharen kleiner Krebse die
nun der schwarzen See zueilen
wie die roten Krabben auf der
Weihnachtsinsel dem Indischen Ozean

Nachtfarben

Nacht macht
die Katzen grau und
aus Häuserblöcken
flache Kulissen
vor zwischen hinter denen viel
tagscheues Gelichter Platz hat
Unwesen zu treiben
Die Dunkelheit bringt
die Konjugation des Tags
durcheinander rührt
Träume unter die Realität
und bäckt daraus
im schwarzen Ofenloch
unvermittelter Gegenwart
highmachendes Brot
Ich feiere
die verbotene Fasnacht
nicht fürchtend die Ansteckung
sie sei willkommen Ich
lasse mich mitziehn im Begehren
ganz bei mir
ausser mir zu sein

Vogel Greif

Der Alte geht entweder
mit den Hühnern
zu Bett oder
gar nicht

Sitzt im Lehnstuhl vor der Kiste
schläft mir nichts dir nichts ein
wacht um die Fünfe auf
durchfroren und gerädert

Geh rechtzeitig in die Federn müdet
die Tochter am Telefon
Du holst dir
ja den Tod

Dann geh ich halt mit den Hühnern
zu Bett antwortet der Alte und geht
also mit den Hühnern zu Bett
und kann nicht schlafen

So läuft es das ganze Alter lang
der Alte hat keinen Schlaf
und mählich auch keine Kraft mehr bis
er endlich eines Morgens

Schlafend daliegt und nicht mehr
erwacht Statt mit den Hühnern
ist er mit dem grossen Vogel Greif
zu Bett gegangen

Die Nacht hat mir
einen Nagel durchs Gehirn geschlagen
die Gedankenzettel aufzuspiessen
die im Dunkeln wuchern Sie
sollen nicht verloren gehen
Am Morgen trage ich
eine Dornenkrone
als meinen Siegeskranz

Was ist es dass wir
uns dermassen fürchten vor
dem Heilschlaf des Tods
Da doch versprochen ist dass wir
erwachen werden zum Leben
das den Namen verdient

Vom Blitz eines Gedankens durchzuckt
erwacht sie und
ihre Augen müssen die Welt
aus herumliegenden Scherben
zusammensetzen Allmorgendliche
Archäologie

Dieb in der Nacht

Die Nacht selbst
die Diebin schwarzweisse Elster
steigt ins Haus und stiehlt
während sie vorgibt
sich mütterlichväterlich
darum zu kümmern
das Gelege aus dem Nest
Verschlingt's Dann
halb als Ärztin verkleidet
halb in Malefikantenkluft
fliegt sie auf den Ast
des Baums vor dem Fenster
putzt eifrig als hätte sie
nie etwas anderes im Sinn gehabt
das Gefieder
hat dich und die Tat
vergessen und du
schläfst immer noch nicht
Ein vorzeitiger Hahn
möchtest du
nach dem Morgen schreien doch
darob erwachte zur Unzeit
die Frau neben dir

Die Bienen der Schlaflosigkeit

Insomnia
Gesumse um den Kopf
als rücke
ein Bienenvolk an
und wolle dir
die Hirnwaben mit
seinem wilden Honig füllen
Aufdringliches Pack
das den Verstand verloren hat
und an niemand und nichts
als nur an sich selber denkt
Wann kommt der Bienenwolf und macht
dem Terror ein End

Insomnia poetae

Die Nacht ist eine Henne
riesengross
in einer Federboa
dunkelblau

Sie geht wie alle Hühner
früh zu Bett
Sie plustert das Gefieder
sitzt aufs Nest

Doch anders als die andern
schläft sie nicht
bevor das Ei im Heu liegt
Tages Ziel

Denn ohne hätte dieser
keinen Sinn
Jedem einen geben
ist ihr Ding

Das gibt ihr selber einen
Nacht für Nacht
Drum ruft sie morgens Seht das
Licht erwacht

Bei Sturm werden
die Gedichte am besten weil
die Sätze hart segeln
müssen gegen den Wind

Bei Nacht hat
die Hoffnung den weitesten Auslauf weil
sie das jenseitige Ufer nicht schon
vom Sehen kennt

III

Psalmus irae

Psalmus irae

für Elisabeth und Peter Lüscher-Knellwolf

I

Unfertiges überall
Angefangenes Scheiterndes
Zerbrochenes Ruinen
Der Tod und seine Spiessgesellen
liegen auf der Lauer
Was lebt ist
jederzeit in Gefahr und keines
erlebt seine Vollendung

Dennoch wuchert wie Unkraut
an fauligen Tümpeln
das Gerede
vom Tages- Jahres- Lebenskreis
der sich schliesse
und geschlossen habe
gaukeln Geschichten Enden vor
erschwindeln Philosophien Systeme

Und selbst die Gräber murmeln verlegen
Steine statt Brot
von Unsterblichkeit
statt einfach und wahr
zu sagen Zur Erde
kehrt ihr zurück

2

Der Jüngste Tag
ist der Tag des Zorns
Deines Zorns
gegen uns deine Kinder

Jeder Tag vor dem Jüngsten Tag
ist ein Tag des Zorns
Meines Zorns
gegen dich unsern Vater

Dein Zorn
sagen Theologen sei
eine Seite deiner Liebe
zu uns deinen Kindern

Mein Zorn
behaupte ich ist
eine Seite meines Zutrauens
zu dir unserm Vater

3

Frommbesorgte Freunde mahnen
Lass den Zorn
Gottlos ist er
Sünder der du bist

Gottlos wär es
widerspreche ich
ich würgte meinen Zorn hinunter
und sänge lauter Halleluja

Andre Freunde wohlgemute Atheisten
raten Lass doch ab von Gott
dann bist du
deine ärgste Sorge los

Kann ich nicht
sag ich Denn in dem Zorn
ihr glaubt es nicht
steckt mein Vertrauen

Der Zornespsalm
geschlagen auf der Kehlenharfe
ist meiner Hoffnung
strohener Halm

4

Wer nicht Protest kräht wie ein Hahn
erwartet keinen Morgen
Dank und sonst nichts
macht Gott den abenteuerlichen Pionier
zum Rentner hinterm Ofen

5

Antiideologen die streunenden
Zellen in meinem Leib
Vagabundierende Propheten
Protestieren gegen die Doktrin
der geschlossenen Kreise und
des Immersogewesenseins
Rufen in Erinnerung
die Vita Viatorum

6
Du machst uns aus Humus
und machst uns zum Humus
aus dem du
dein Reich das versprochene
baust
Führst in die Hölle
und wieder hinaus
Nicht Wüste ist Humus
Humus ist Wüste plus Wasser
Erdreich woraus spriesst
was noch kein Aug gesehen hat
Das Land
wo Milch und Honig fliessen

7
Welt zu Hauch gemacht
heisst Wort
Ein Wort aussprechen ist
ein Licht anzünden
in der Verschwiegenheit
der Nacht

Lesen taut
Gefrorenes auf
bewegt Erstarrtes
greift Gefallenem unter die Arme
holt Verbanntes heim
weckt Totes auf

Was ich les ist schwarz
auf weiss gedruckt
Wär's rot vom blutigen Leben
erblasste mir das Herz

Drum lobe ich die Sprache die
aus einem Blutstrom
Druckerschwärze macht
und aus Fleisch Papier

8

Psallo griechisch
Harfe spielen
und dazu singen

Der König David
spielte abends auf der Zinne
des Palastes Harfe sang dazu
und rühmte damit Gott

Auch für die Ohren einer schönen Frau
die auf dem Dach des Hauses unterhalb
badete und ihre Reize
nicht verbarg

weder vor Gott noch vor dem König
vielmehr in der Abendluft
mit ihrem königlichen Leib Gott lobte
und horchte auf den Psalm

Bis David vor Begehren
fast erstickt
dem Diener rief
Hol sie herauf

Später sollte der Prophet
Natan heikle Arbeit haben weil
Gott und David beide glühend vor Zorn
einander feind zu werden drohten

9
Psalmen
Lobgesänge
Halleluja
Friedenslieder

Nein Frieden schliess ich nicht
mit dir Es ist
zu früh

Noch ist die Zeit wer weiss
wie lang des Zornespsalms
da wir einander immer noch
aushäusig sind

Der ich doch auf dich
geworfen bin seit Mutterleib
und nicht einmal der Herr
der eignen Zunge

Mir nur geliehen Deine Botin
in meinem Mund Eine Muräne
Meisterlos lebendig zu zähmen
weder von Dompteur noch Engel

zersäbelt sie den Tod
die tintespeiende Krake
ruft Nichtseiendem damit es sei
weckt Totes auf zum Leben

Doch immerfort bloss auf Kredit
für den so wenig sie
geradestehen kann
wie ich

Darum andringend gegen dich
bei Nacht und Tag
mit Klagen dich beschwörend
mit Schweigen dich erpressend

Wie damals Abraham Er machte
schweigend deinen Händen mundgerecht
das Land wo Väter keine Söhne opfern
auf dass du nicht vergessest
was du versprochen hast

10

Abraham auf der Strasse nach Moria
geschlagene drei Tage lang
Bei sich Isaak seinen Sohn
den er dir schlachten sollte

da du ihn zum Opfer ersehen hattest
Stummer Zweikampf unterwegs
Handgemenge in den Köpfen
Gottes und des Menschen

Abrahams Schweigen drohte
Ich geh zu dem verfluchten Berg
wie du befohlen hast und bringe dir
dort meinen Sohn als Opfer dar

Den einzigen weil du
es willst Doch du sieh zu
was für einen Namen du
dir damit machst

Vergiss den Namen jenes Gottes
der aus der Enge in die Weite
aus der Knechtschaft in die Freiheit führt
um dessentwillen sie dich preisen

Vergiss ihn
Trügerischer Vater wirst du heissen
der seinen Kindern Steine gibt statt Brot
und eine Schlange anstatt eines Fischs

II

Dergleichen sagte schweigend
Abraham zu dir
und du du wurdest schwach
Zuallerletzt du Starker
wurdest du schwach
Isaak lag gebunden
auf dem Holzstoss
Das Messer war gezückt
Da bekommst du Grosser
plötzlich Angst und gibst
klein bei Entbietest
an den Platz des Knaben einen Widder

12

Hier liegt der Hund begraben
Warum erst jetzt
Warum nicht von Anfang an
Warum derart auf die Spitze getrieben
Wozu überhaupt auf diesen bösen Weg geschickt
die zwei und auch dich selbst
Um welches Zieles willen die Versuchung
Ich begreife es nicht
Begreife auch nicht
was du sannst
als du Jakob Isaaks Kind und Abrahams Kindeskind
in Gestalt des schwarzen Mannes
den Weg versperrtest
nächtens an der Jabbokfurt
und mit ihm rangst
bis der Tag heraufkam
und du keuchend betteln musstest
Lass mich los
Ich versteh es weder mit dem Kopf
noch mit dem Herz
Jedoch schiesst wie ein Pfeil
mir aus dem Mund
Ich lasse dich nicht
du segnest mich denn

13

Aus meinem Mund schiesst es
der zugigen Höhle
wo der Leviatan west
wie der Bettler auf der Schwelle des Hauses
gleich dem Hofhund ausgesperrt
und an die Kette gelegt
Prekärer Ort die Schwelle
Kaum zu leben kaum zu sterben
auf der Grenze zwischen
Feuerhauch innen und Nordwind aussen
Bald gebranntes Kind bald Eis im Haar
und nie nur eines
alleweil das Widerspiel im Nacken
Ich soll nicht meinen ich
gehöre hierhin wo ich bin
und sei bei mir zu Hause

14

Im Loblied will ich
unterbringen meinen Zorn
Sonst klingt beides falsch
Sand zwischen meinen Zähnen
soll der Zorn sein knirschend
wenn ich Halleluja singe
Vage Wolke wär ich
ohne das Gewicht des Zorns
leichter als mein Atem
Nebelchen das mich
in bodenlose Lüfte trüge
wo doch mein Ort die Erde ist
Ich von der Erde Genommener der
in den Schoss zurückmuss
der langmütigen Mutter die
mich austrägt bis an den Tag
da in Vollendung eins sind
der Himmel und die Erde
Darum lass ich mir den Zorn nicht nehmen
Er ist das Gewicht das im Lot hält
den Ballonkorb auf labiler Fahrt
So wird der Tag des Zorns
der meine sein wie deiner
auf dass du dich gezwungen siehst
Gott Abrahams und Isaaks
deinen Zorn wie meinen
zu widerlegen
durch Tun nicht durch Erklärung

15

Überall Heckenschützen
Schüsse von allen Seiten
sogar feige von hinten
Wir rennen umsonst
Es werden
keine Gefangenen gemacht
Mich hat's erwischt
Kaue dichtend
meinen Zorn da ich
kaum anderes mehr
zwischen die Zähne bekomme
Nicht heilt der Zorn
macht aber Kunst
Opulente Hungerportion
Ich brauch dich dringend du vom Zorn
am wenigsten Bezweifelter
Ich brauche dich
damit ich Klage gegen dich erheben kann
vor dem Gerichtshof deiner selbst
als mein akkreditierter Advokat
Nur so wär's rechtens
Gegen wen sonst könnte ich
meinen Zorn richten
wenn nicht gegen dich
verborgener unerreichbarer
Gott sei Dank

Der Himmel dein Kleid
hat Löcher
Schabenfrass oder
Webfehler Garn gerissen
weil unsorgfältig gesponnen
Die Schafe sind unschuldig
wie der Webstuhl und
das Spinnrad an dem
das Schicksal sitzt
das blindlings ausführt was
du ihm in Auftrag gibst
Der Himmel dein Kleid
hat Löcher
Man sieht hindurch
deine Blösse

Des Dichters César Vallejo Herkunft Ruhm und Tod

Kommt aus kargen Anden
in die douce France
wird da arm

Schreibt dagegen an
erntet schmale Ehre
doch kein Brot

Ist getauft auf César
stirbt an blankem Hunger
in Paris

Bekommt ein Grab im Montparnasse
Einziger Luxus den er
je gehabt

Der uns
das Prekäre auf den Leib schrieb
Kann er nicht anders
Könnte er anders
Will er nicht anders
Behauptet er wolle anders
Werde für reichlich
Milch und Honig sorgen
Warum nicht jetzt

Gott
Ein Hochstapler der
in unserem Mund den Mund
voll nimmt und
mit Dingen handelt
die ihm nicht noch nicht
vielleicht nie gehören
So ist er mir aber offen
gestanden trotzdem lieber
als wenn er schon des Ganzen
selbstzufriedener Eigentümer wäre

Der Mond hat scheint's wieder
nichts Gescheiteres zu tun
als einäugig zu glotzen
der schweigende Voyeur
der sich aus sicherer Distanz
in alles einmischt
was ihn nichts angeht
um dann betont langsam und
unbeteiligt das Lid zu schliessen
Aber weg ist er nicht

Zeitaue

Hab mich verlaufen und sitze
ermüdet auf einem Strunk
in der Zeitaue wo
die Wasser ratlos
zwischen den Bäumen stehen
und namenlos im Moor versickern
wie der Rauch meiner Pfeife
in den Wolken
Warte auf nichts Da kommt
ein papierenes Schiffchen
von Kinderhänden gefaltet
dahergeschwommen
und zeigt mir
Gleichnis des Himmelreichs
dass Strömung ist und wohin
sie tendiert

Verlierst Wort um Wort
Kein Name fällt dir mehr ein
Abbruch wie Kreidefelsküsten
Was bleibt ist blendendes Weiss
Macht dich zum Fremden
unter Namenlosen Sollst langsam
der Sprache entwöhnt werden
und geübt für das lange
richtungslose Schweigen
Bis endlich von aussen von vorn
ein Wort kommt

IV

Humus

Roman Candios Hühner

Hühner und Würmer lockern
den Boden unter den Feigenbäumen
in Malers Garten
und sind einander
symbiotisch todfeind
die Würmer der Hühner tägliche Leibspeis
die Hühner dasselbe
den Würmern erst als tote Jedoch
endet das eine wie andere im grossen
Frieden des Humus
zum Wohl der Feigen Malven und
Vergissmeinnicht
Sie könnten fliegen die Hühner
müssten nur wollen
sie hätten das Zeug dazu
doch sind sie zu klug
Keine Hansguckindieluft
verschmähen sie spekulative Weitsicht
und die dünne Luft der oberen Schichten
Wissen dass leer ist der Himmel und
es dort nichts mehr zu picken gibt seit
der Hausherr erdwärts ausgezogen ist
Kopf zur Erde gesenkt suchen sie
den Schnabel als Hacke verwendend
den im Acker verborgenen Schatz
Und fliegen sie doch
dann zuletzt und ohne Kopf den
ihnen statt des Malers mein Nachbar
der Bauer mit einem einzigen Streich
des Beils auf dem Spaltbock
abgeschlagen hat
Da überkommt sie plötzlich
Sehnsucht nach wolkiger Höhe Mut

zur Flucht aus den Fesseln der Schwerkraft
Himmelsdrang
In wirrem Geflatter steigen sie empor
hirnlos bis über den Dachfirst um jenseits
wie Steine vom Himmel zu fallen
Dann aber
dann sind sie wirklich tot
und finden Vollendung
auf einem weissen Teller
braun gebrannt hübsch arrangiert
zwischen Trockenreis und Spinat

Novität

Seit Neustem bin ich
im Alter
Eine Novität bevor
dann zuletzt
das ganz Neue kommt
Die Rückkehr
zur alten Erde

Jetzt sind die Jahre
bei dir angekommen
Verspätete Post
Briefe toter Freunde
Programme
verklungener Konzerte
Kataloge überholter
Mode Jetzt
bist du alt

Den Regenschirm
der Resignation zwischen
die Knie gestellt die Hände
auf dem Griff übers Kreuz
gelegt sitzt er
im Zug und hat
vergessen wohin er
fahren wollte

Solang ich jung war
trug ich wie
ein Mutterleib den
alten Mann in mir
der nach Jahrzehnten endlich
das Licht der Welt erblickte
Da entlief der junge
doch besucht er mich
noch hie und da und wohnt
für zwei drei Tage hier
um jedesmal
ohne Abschied zu verschwinden
wie wenn ich ein Gasthaus wäre
das sich straflos sogar gerne
prellen lässt

Deinen Körper mehrseitig
und faltig geklüftet
du kennst ihn nicht
überblickst ihn nicht
kontrollierst ihn nicht
hast keine Macht über ihn
weisst nicht was an ihm
der Fall ist und in ihm vorgeht
Bist sein Sklave
Er der Majordomus
der alle Schlüssel am Gürtel trägt
Der Prolet der
den Tarif durchgibt
Ihr könnt mir alle
mir kann keiner
Wenn ich will
steht alles still
Und du
geduldet
merkst Er hat recht

Einer isst mit
Ein blinder Passagier
ohne Ticket und
Gepäck
Lautlos unauffällig in jeder Hinsicht diskret
stiehlt er seine Portion
von deinem Teller trinkt
aus deinem Glas wenn du nicht
hinschaust Und lässt du ihm
zu wenig übrig
für seinen unstillbaren Hunger
nagt er dir die Knochen blank bis
aufs Skelett

Jetzt werd du mir
nur nicht vernünftig das fehlte
gerade noch Trinkst
nichts Scharfes mehr hörst
auf zu rauchen isst kein Fleisch weil
die Tiere ein Recht auf Leben haben und's
vom Fleischessen Krebs gibt Machst
dafür Freiübungen bei
offener Balkontür Menschenskind
du erkältest dich doch
und holst dir den Tod

Brandmal

Die Vergänglichkeit ist uns
ins Fleisch gebrannt
Besitzanzeige des Todes

Haut und Knochen
führen länger Archiv
erdauerten Schicksals

Schwarze Buchstaben
auf weissem Papier
Wie aufgerissene Münder

die ohne Unterkiefer
lautlos abstrakt
Habebimus corpus schreien

Beinhaus Stans

Fleisch und Bein
Im Grab das Fleisch
verrottet schnell
Im Beinhaus lachen die Schädel
ob der fleischlichen Eile
Beide auf dem Weg
ins Nichts
Geschrieben aber steht
Sie werden Staub
Staub ist nicht nichts
Durstige Erde ist Staub
Giess Wasser darauf
und sie grünt
Er werde
sagt die Schrift
das Wasser seines Geistes
auf den Staub ausgiessen
Auf den Staub
aus Grab und Beinhaus
Und der Staub wird leben
Denn nicht zu nichts
lässt euch der Töpfer werden Hört
ihr werdet wieder Erde
die schon einmal
der Rohstoff war doch jetzt
erneut gesiebt
der Werkstoff der Vollendung ist

Sintflut

Und der HERR *sprach Ich will*
den Menschen den ich
geschaffen habe
vom Erdboden vertilgen
den Menschen samt dem Vieh
den Kriechtieren und
den Vögeln des Himmels
denn es reut mich
dass ich sie gemacht habe
Vom Erdboden vertilgen
Als er damit begann
sah er sich bald genötigt
zu fragen Wohin
mit den Bergen von Toten
Sie häuften sich
zu Inseln inmitten der Wasser
drohten zu Kontinenten zu werden
und die Sintflut zu verlanden
Da erkannte Gott
dass er sie nicht los wurde
weil seine Allmacht an der Ohnmacht
der von ihm Geschaffenen
eine Grenze hatte
Und er musste es
ob er wollte oder nicht
bleiben lassen

Kurzschlüssiger Idealist
meint der Tod wenn er
den Geist wegnehme vernichte
er alles Der Schöpfer
hingegen sammelt
die toten Leiber macht
Humus daraus und baut
damit die neue Erde

Erde bist du,
und zur Erde kehrst du zurück
Erde grossherzige
Leihmutter nimmt die verstorbene
Frühgeburt in ihren Schoss um
sie auszutragen bis sie
lebensfähig ist

Klaus und Christa Otte
zum Gedenken

Zuletzt werden wir
Erde damit
wir lernen die Mutter
zu ehren aus der
uns zog als Geburtshelfer
der Vater der uns zeugte
ihr in ewiger Liebe
versprochen
auf dass
wir in die Hände klatschen
und singen wenn er ihr
die Krone aufsetzt und sie
zum Tanz führt der
kein Ende kennt

Glaub nicht du kommest
so billig davon
Ein wenig sterben und
dann hat sich's Nichts da
Humus bist du und
Humus wirst du So schnell
entfliehen wir der Erde nicht
Nein keine Reinkarnation
Neuverwertung des Nichtmehrgebrauchten
Das Modell wird abgebrochen Das Material
hingegen ist wertvoll und dient
der Realisierung des
endgültigen Werks

Habt ihr damals auch
Kinder von fünf sechs sieben Jahren
als Mutprobe lebende Würmer verschluckt
und bis heute den ölig erdigen
Geschmack im Mund
Vergesst mir
die Würmer nicht diese
selbstlos fleissigen Erdarbeiter
die unermüdlich Abraum
zu wertvollem Grundstoff verdauen
Ehrt die unter Tag unsichtbar
das Erdreich lockernden
roten Knappen die sich
verlegen winden und alsbald vertrocknen
zerrt man sie ins Licht
Sie haben keine Augen heisst es
also keinen Horizont Und sind
doch von Ende zu Ende mit
Energie gefüllt Hoffnung die
das Grosse erwartet
den Garten des ewigen Tags
Darin blendend im Licht
die goldene Stadt Darum
vergesst mir die Würmer nicht die
zuverlässigen stummen Propheten

Um elf Uhr
die Beisetzung auf
dem Friedhof
Um vierzehn Uhr dreissig
die Trauerfeier
in der Kirche
Dazwischen gehen wir
essen Das
haben wir nötig
Der Tote nicht

Wenn die Mücken kommen
sich zu den Lampen drängen
dann beginnt das Jahr zu faulen
wie ein angestochener Apfel
und das Ungeziefer verdaut
zu Ackererde
was sich getan hat

Tod grosser
Komposteur
Alllesverwerter
Aufputzer
Shredder am Ende
der Verwertungskette
Humusmacher und
Anfänger des Neuen

Auf faulenden Stämmen wuchern
lautlos die Pilze
weiss auf schwarz wie verkehrte
Todesanzeigen als müsse
amtlich festgehalten werden was
im Verborgenen wächst

Zuletzt das Gehör
nach dem Tastsinn
dem Geruch dem
Gesicht dem Gefühl
das Gehör
Höre Israel
Der HERR unser Gott ist
der einzige HERR Und du wirst
den HERRN deinen Gott
lieben von ganzem Herzen von ganzer Seele
und mit deiner ganzen Kraft
Und diese Worte die ich dir heute vorsage
werden in deinem Herzen bleiben
Zuletzt das Gehör
Jesu vorlaufendes Reich ein Hörreich
Damit du hörst wenn er
zu sich und zum Humus
der du geworden bist spricht
Lasst uns Menschen machen

V

Habeas corpus

Habeas corpus Einen Leib
musst du haben Beleg
aus Fleisch und Blut Denn
leiblos ist
aller Gedanke nichts als Luft und
leeres Versprechen

Kentaur

Ich
Hälfte eines zweisilbigen Worts
von heterogenen Eltern
jederzeit teilbar

Ich verliere mich
fortlaufend auf allen
Wegen Gott
muss mich sterben lassen damit
etwas von mir aufzuwecken
bleibt

Nun also auch einer
von den alten Männern mit den
dünnen Beinen so krumm dass
sagt mein Nachbar der Bauer
ein Säulein zwischen den Knien durchrennen kann

Nun also auch einer
von den Rauchern seit Jugendzeit die
hustend aus den Stollen
ihrer Lungenflügel
Braunkohle fördern

Nun also auch einer
dessen Schritt die frechen
Buben grinsend begaffen ob
dort ein feuchter Fleck
zu sehen sei

Nun also auch einer
der das Aufgebot zur Zahnkontrolle
wegwirft und sich sagt Was
soll das gegen
den Zahn der Zeit

Nun also doch einer dem
die als mythologisch verlachte
Rede von der Auferweckung der Toten
mangels Alternative je länger
desto glaubhafter wird

Flaschenpost

Ich ziehe Linien
ins neblige Universum und
schreibe darauf meine
Verse hoffend
dass jemand sie lese Gott
oder Mensch heute oder
morgen in zehntausend
Jahren und über
die Zeitenschlucht hinweg
Antwort gebe

Wir leben von
kargen Böden

Wir wohnen auf
schmalen Graten

Wir gehen auf
rutschigen Wegen

Wir halten uns fest an
lockeren Felsen

Wir schlafen unter
undichten Dächern

Wir fahren auf
leckenden Schiffen

Wir leben in
gefährdeten Zeiten

Wir haben hier
keine bleibende Stadt

Aber die zukünftige
suchen wir

Und fällt einer ist
unser Gedenken sein gewichtloses
Gebein das wir mittragen bis
ins Gelobte Land

Weltuntergang

Wenn du fastest sollst du
nicht in Sack und Asche gehen vielmehr
dich waschen kämmen schmücken parfümieren
und so ihm
der Fülle verspricht
eine Chance geben

Wenn die Welt in Flammen steht sollst du
sagen das sei
der Vorschein des ewigen Tags
und so ihm
der Erlösung verheisst
eine Chance lassen

Textile Theologie

Lieber als mit dem
Himmel – der ist nur sein
Morgenmantel – kleidet der
biblische Gott sich mit der
Erde Freilich vorläufig erst
im Fadenschlag

Ewig der Himmel
Milchstrassen Sonnen Monde
Planeten Fixsterne
Ewig das alles
Ein Schwindel
Vorübergehend
Seine Unterkunft eine Laubhütte sozusagen
Wolkiger Baugrund Himmels Zelt
unmetaphorisch
Bald wird er ihn zusammenrollen
wie eine Stoffbahn oder wie
die Schriftrolle deren Text
sich erledigt hat
Denn er zieht aus
aus dem Provisorischen ins Endgültige
aus dem Flüchtigen ins Bleibende
aus dem Himmel auf die Erde

Wanderschuhe

für Helmut Leser
im Gedenken an Anne

Just als wir dachten wir hätten
das Alter uns zur Ruhe zu setzen zog
einer uns Wanderschuhe an
aus zäher Altershaut gemacht damit
es nicht gar schmerze wenn wir
den Fuss an einen Stein stossen

Unserm Protest antwortete er Erinnert euch
an Abraham Fünfundsiebzigjährig war er
als er auszog aus der Enge wortlos
göttergefügter babylonischer Friedhofsruhe
zu wandern der Stimme nach in das Land
das sie ihm zeigen werde

Wollt ihr zwischen diesen Grabsteinen hier
für immer sesshaft bleiben
Woher käme Hoffnung wenn nicht
aus dem Unbekannten das noch
kein Aug gesehen euer Ohr aber schon
gehört hat weil ich's euch versprach

Landschaft

Schau richtig hin
Mach die Augen auf
Nimm dir Zeit
Beeil dich nicht
Wenn du richtig hinschaust
siehst du dass die Gegend
mehr hergibt als
die berechnenden Leute
für wahr halten
Vorerst nicht deinen Händen
nicht deinem Verstand
nur deinen Augen und
nicht zu vergessen den Ohren
beginnt die Landschaft
ihr Geheimnis preiszugeben
und spricht zum hörenden Aug Ich bin
das werdende freie Kanaan Sieh
wie schon Milch und Honig fliessen

Wünsche

Die Wohnung ist eng
Darum bauen wir einen Erker an
lagern unsere Wünsche darin aus
und hoffen wie der Vogelliebhaber
wenn er das Vogelhäuschen aufstellt
und das Vogelfutter hineinlegt
er lasse sich darin nieder
Denn der liebe Gott hat
uns gemacht mitsamt
unsern Wünschen die
weil die Wohnung so eng ist
keinen Platz darin haben
Es sagte ja der Magus in Norden
der grosse kleine Mann
aus Königsberg in Preussen
gegen den andern grossen kleinen Mann
ebenfalls aus Königsberg in Preussen
alles Göttliche sei menschlich also
auch alles Menschliche göttlich

Die Grosskönige siegen
sich zu Tod
Nebukadnezar Kyros Alexander Napoleon
Er hingegen verblutet sich
zum Leben
Die Grosskönige halten sich für unentbehrlich
Er aber identifiziert sich mit einem Toten
Niemand überflüssiger als ein Toter
Dieser Tote hingegen ist
so wie die Dinge liegen
lebensnotwendig

Zeugen

Zeugen zeugen
der Zeuge ein Zeuger
zeugt im Bezeugen
das Bezeugte
damit es bezeugende
Gestalt gewinnt

Zeugen
bezeugen
bereden
beschwören
Same
Saatwort das
die Gegenwart hierophantisch
befruchtet durch das im Bezeugen
gezeugte Kommende
zur Welt Drängende
das Vollkommene

Spermologen Seminiverbii
Wortesäer wir
Semina sunt verba Christianorum die
die Mutter Erde mit
dem Himmelreich schwängern
wie irgendein durchziehender Bruder Leichtfuss
der kaum an morgen denkt
das Mädchen und längst
eh die Frucht sich zeigt
das Weite des Inkognito
gesucht hat

Kleiner Wicht die Zunge
aber ruhelos getrieben

Schwätzerin vom Heil
verantwortungsloses Glied
beschwiegenes Schämdich
Winzig der Funke
unzurechnungsfähiger Windbeutelei
Gewaltig jedoch das Dickicht
des Tohuwabohu das er entzündet
und dessen Feuerschein sichtbar ist
weitherum über den Horizont

Bach in Nürnberg

Vorne hängt jämmerlich Jesus
im Kreuzgewölbe
Unten singen und spielen sie
Bachs Messe in h-moll
Die Wolken aus Ton und Geist fangen
wie Engelshände
den Toten auf und tragen ihn
umgekehrte Himmelfahrt
als Auferweckten
zu uns herab

Geh in das Land,
das ich dir zeigen werde
Wer ihm das sagte
Später
nachdem er angekommen
und leidlich zufrieden war
mit dem was war
gab Abraham zur Antwort
Gott
Denn in dem Wort
war Raum für mehr

www.tvz-verlag.ch

2016, 352 Seiten, Paperback
ISBN 978-3-290-17857-4
CHF 32.80 - EUR 29.90 - EUA 30.80

Ulrich Knellwolf

Wir sind's noch nicht, wir werden's aber

Stückwerk zu Gott und der Welt

Ulrich Knellwolf ist nicht aus einem Glaubenserlebnis, sondern aus Zweifeln heraus zur Theologie gekommen. Was ihm an der Theologie wichtig ist, hat der langjährige Pfarrer und Krimiautor zwischen zwei Buchdeckel gepackt. Sprachgewaltig und überraschend verbindet er biblische Geschichten mit Literatur, erzählt von seinen eigenen Erfahrungen und von Gott als demjenigen, der eine andere Welt will. Ein leidenschaftliches Plädoyer, auf dem Heil und dem Heilwerden zu beharren.

«Was systematisch nicht aufgeht, muss erzählt werden, schreibt Knellwolf und tut es auf eindrückliche Weise.»
Christian Schenk, Notabene

TVZ Theologischer Verlag Zürich AG, Badenerstr. 73, CH-8004 Zürich
Tel +41 (0)44 299 33 55, info@tvz-verlag.ch, www.tvz-verlag.ch

www.tvz-verlag.ch

2019, 104 Seiten, Paperback
ISBN 978-3-290-18241-0
CHF 24.80 - EUR 21.90 - EUA 22.60

Ulrich Knellwolf

Mach dir keinen Reim

Gedichte von Gott, vom Tod und von der Auferweckung

«Schreib Lyrik, mein Sohn, dieweil du Dogmatik schreibst, denn sie ist gut gegen die Verengung der Herzkranzgefässe», notierte sich Ulrich Knellwolf – in Anlehnung an Sprüche 19,11 – auf einen Zettel.

Gedichte hat Ulrich Knellwolf seit früher Jugend «gekritzelt». Unter dem Eindruck einer Krankheit jedoch und im theologischen Nachdenken entstanden ebenso persönliche wie theologische Gedichte, die mehr als Notizcharakter haben. Man begegnet in ihnen alltäglichen Situationen, der Erfahrung des Alterns, der Krankheit, dem Tod. Die Gedichte wagen aber auch, von Gott und von der Auferweckung aus dem Tod zu reden. Es sind Gedichte ohne Schutzschicht, es ist ein theologisches Sprechen, das sich keinen abschliessenden Reim machen kann und will.

TVZ Theologischer Verlag Zürich AG, Badenerstr. 73, CH-8004 Zürich
Tel +41 (0)44 299 33 55, info@tvz-verlag.ch, www.tvz-verlag.ch

TVZ